Dennis Hans Ladener

„Philosophie für Anfänger"

Die hartnäckige Illusion des Ich's

Freidenker

Herstellung und Verlag: BoD – Books on Demand,
Norderstedt.

ISBN: 9783839126479

Dennis Hans Ladener

geboren am 11.05.1990 in Köln, ist ein deutscher **Philosoph und**  **Schriftsteller,** welcher bereits im jungen Alter von nur **29** Jahren geschafft hat **zehn „philosophische Sachbücher"** in Eigenregie auf den Markt zu bringen.

- **Reset: Der Anfang einer Neuen Welt**
- **Die 4 Säulen des Scheiterns**
- **SklavenLEBEN**
- **Das Handbuch der Welt**
- **Die Datenwelt Theorie**
- **Die Datenwelt Theorie 2.0**

- *Arthur Schopenhauer: Eine "kleine" Einführung*
- *Eine kurze Zusammenfassung des Ganzen*
- *Die höhere Erkenntnis: Ein Weg zum besseren Verständnis der Welt*
- *Eine kurze Zusammenfassung des Ganzen & Die höhere Erkenntnis: 2in1 Sonderedition*

Schwerpunkt seiner Arbeiten, sowie seines Denkens beruhen hierbei im Kern auf der Philosophie des brillanten deutschen Philosophen **Arthur Schopenhauer** *(* 22. Februar 1788 in Danzig; † 21. September 1860 Frankfurt am Main).*

Da dessen Hauptwerk *„Die Welt als Wille und Vorstellung"*

stets die größte Quelle der Inspiration für ihn selbst bereithielt.

„Ich war wohl schon immer ein klein wenig sonderbar und verbrachte bereits in meiner Kindheit viel Zeit damit über die Welt nachzudenken. Fantasie, Vorstellungskraft, sowie eine stark ausgeprägte natürliche Neugierde waren hierbei stets meine treuesten Begleiter.“

„Das Geheimnis dahinter, warum ich so geworden bin wie ich bin, liegt wohl darin verborgen, dass ich es stets vermieden habe ein „Erwachsener" zu werden!“

2011 beendete er erfolgreich seine Ausbildung zur **„Fachkraft für Schutz und Sicherheit".** Von nun an konnte er sich voll und ganz auf sein

„persönliches Studium" der Philosophie konzentrieren.

„Mit 21 Jahren verliebte ich mich endgültig in die Philosophie und schließlich auch in die Gedankenwelt Arthur Schopenhauers."

„Es war ein langer, einsamer, sowie steiniger Weg. Doch bereut habe ich es nie ihn gegangen zu sein!"

*Der Antrieb unseres Autors liegt darin, komplexe und nur schwer zu verstehende „philosophische", „gesellschaftskritische" sowie „naturwissenschaftliche" Themen so simpel und anschaulich wie möglich der breiten Bevölkerung zugänglich zu machen.

Kein leichtes Unterfangen. Doch eines, welches sich definitiv zu versuchen lohnt!

Inhaltsverzeichnis

Vorwort

Die hartnäckige
Illusion des Ich's.

Ist ein Buch aus meiner Reihe
„Philosophie für Anfänger" und
wurde extra so geschrieben und
gestaltet, das insbesondere alle
Neulinge im Bereich der
Philosophie einen sofortigen, leicht
verständlichen Zugang zu einem
jeweils ganz spezifischen
philosophischen Thema erlangen
können.

Der Umfang dieses Buches ist
bewusst so komprimiert wie
möglich gehalten worden, um für
jeden Quereinsteiger ein
bestmögliches Lernergebnis zu
gewährleisten.

Effektiver Input für kleines Geld!

Einleitung

Jeden Tag benutzen wir unzählige Male
das Wort *"Ich"* ohne uns großartig
dabei Gedanken zu machen, wer oder
was dieses sogenannte *"Ich"* eigentlich
überhaupt ist.

- *Wie und wo entsteht unsere
  jeweilige Identität?*
- *Gibt es überhaupt so etwas wie
  ein einheitliches konstantes
  Ich-Konstrukt?*
- *Bin ich wirklich diese Stimme in
  meinem Kopf?*
- *Woher stammen eigentlich die
  ganzen Gedanken, Gefühle,
  Handlungen und Emotionen?*
- *Besitzt der Mensch tatsächlich
  so etwas wie einen freien
  Willen?*

*Gehirn oder Bewusstsein, was ist
es, was wir wirklich sind?*

Ich lade Sie ein auf eine spannende
Reise zu dem Ursprung ihrer eigenen
Identität.

„Die Gedanken sind frei,
wer kann sie erraten?
Sie rauschen vorbei,
wie nächtliche Schatten.
Kein Mensch kann sie wissen,
kein Jäger sie schießen.
Es bleibet dabei:
Die Gedanken sind frei!"

Von Geburt an hat ein Mensch zunächst keinerlei Möglichkeiten zu wissen, wie er als solches überhaupt funktioniert. Dies wird einem aber auch ohne die passende Bedienungsanleitung nicht gerade leicht gemacht.

Dabei ist es wirklich von enormer Bedeutung zu wissen, wie man als Konstruktion Mensch funktioniert. Der gesamte Alltag, sowie der Umgang, sowie das Verständnis für andere Lebewesen kann durch das Verstehen von sich selbst wirklich enorm verbessert werden.

Wer oder was ist denn eigentlich dieses sogenannte „ICH"?

Für die meisten Menschen ist die Antwort hierauf sicherlich glasklar...

„Ich bin halt ich, Herr oder Frau so und so."

Schließlich haben wir doch alle als Kind erklärt bekommen, dass wir mit unserer Geburt jeweils einen eigenen persönlichen Namen erhalten haben und sie somit z.b. der Dennis sind.

Dieser Name wird von dem jeweiligen Gehirn des Kindes im Laufe der Zeit als Bezugs- bzw. Ankerpunkt für die Erschaffung einer eigenen Ich-Identität abgespeichert und angenommen.

Ab diesem Augenblick fängt das Gehirn des Kindes Stück für Stück an ein eigenes Ich zu konstruieren und seinen jeweiligen Namen mit der innerlichen Monologstimme gleich zu setzen, die ein jeder von uns wahrnimmt und als sein eigenes ICH interpretiert.

Das sogenannte "ICH" ist ein atemberaubendes Gesamtkunstwerk aus einem raffinierten Zusammenspiel aller Gehirnbereiche.

Das was wir als konstant einheitliches ich empfinden, ist in Wirklichkeit ein stetiger Prozess, welcher alle einzelnen Fragmente des Hirnes zu einem künstlichen Zusammenschluss bündelt.
Ihr "ICH"!

Doch sind wir denn überhaupt wirklich dieses „ICH" und somit das durch das jeweilige Hirn generierte Selbstbild?

Ich sage Ihnen in voller Überzeugung „NEIN", das sind wir nicht!

Das "Ich" *ist der beste Betrüger,*
den man sich überhaupt vorstellen kann,
weil man es nicht sieht!

Und der größte Betrug ist:
"Ich bin Du!"

Das Problem ist, dass sich das "Ich"
dort versteckt, wo man es zuletzt
erwartet. **<u>Nämlich in sich selbst!</u>**

Es verkauft seine Gedanken als die
Ihren. Seine Gefühle als die Ihren.
Seine Handlungen als die Ihren.
Sie halten es für sich!

Die Menschen verteidigen
fälschlicherweise dieses
"Ich" ohne Grenzen".

Sie werden lügen, betrügen, stehlen,
morden.

Sie werden alles dafür tun, was notwendig ist, um diese süchtig machende Täuschung aufrechtzuerhalten.

Die meisten Menschen haben keinerlei Vorstellung davon, dass sie sich in einem für sie selbst unsichtbarem Gefängnis befinden.

Sie wissen nicht, dass es ein falsches "Ich" gibt.

Sie erkennen den Unterschied nicht...

Der Verstand versteht nur schwer, dass es dort noch etwas gibt, das hinter ihm selbst steht.

Etwas von größerem Wert und von größerer Macht.

In Religionen ist das "Ich" oftmals in der Figur des Teufels manifestiert.

Natürlich realisiert niemand, wie
klug dieses "Ich" tatsächlich ist.

Es erschuf den Teufel, damit es jemand
anderem die Schuld in die Schuhe
schieben konnte!

Durch das Erfinden eines äußeren
Feindes erschaffen wir uns für
gewöhnlich reale Feinde.
Doch...

...so etwas wie einen äußeren Feind gibt
es in Wahrheit überhaupt nicht!

Egal was diese Stimme in Ihrem Kopf
Ihnen sagt oder einzureden versucht.
Alle Feindbilder, die sie haben, sind
nur Projektionen des "Ichs" als der
Feind selbst.

Daran erkennen wir sehr schön, dass all
unsere Feinde in Wirklichkeit unsere
eigene Erfindungen sind.

Ihr größter Feind ist Ihr
eigenes Selbstbild.
Ihr "Ich".

Mit der Geburt hat jeder von uns einen
eigenen Namen erhalten. Dieser Name
wurde zum Grundbaustein unserer
Identität, sowie unseres „ICH-Gefühls".

Jedes Mal, wenn wir „Ich" sagen,
meinen wir doch im Grunde das im
Gehirn befindliche Gesamtkonstrukt,
welches sich um den eigenen Namen
herum gebildet hat und nun diesem
angeheftet ist.

Das Ich ist nämlich keine einheitliche
Sache, sondern eine im gesamten Gehirn
verknüpfte Ansammlung von
Informationen, die sich durch jegliche
Art von Erfahrungen bilden und
verändern können.

„Genau diese Verknüpfungen sind es, die Sie fälschlicherweise für Ihr eigenes selbst halten. Ihr Ich".

Letztendlich besteht das Ich jedoch aus unzähligen einzelnen Fragmenten, welche in ihrer Gesamtheit ein künstliches Gefühl der Einheit erzeugen.

Was zudem in diesem Zusammenhang leider viel zu oft übersehen wird, ist der Aspekt des *„Bewusstseins"*, welches zwar mit dem Gehirn verknüpft zu sein scheint, aber nicht von diesem erzeugt wird.

Das Gehirn schaltet, verwaltet und generiert Handlungen, Gedanken, sowie Gefühle und Emotionen.

Das Bewusstsein wiederum ist das Element dieser Dualität, welches genau diese zuvor durch das Hirn erzeugten Prozesse wahrnimmt und ERLEBT.

Solange es somit zweier Komponenten bedarf, Gehirn sowie Bewusstsein, wird eines davon beständig *aktiver* und das andere stets *passiver Natur* sein.

„Während das eine stets „erlebt", und somit ausschließlich passiv fungiert, sorgt das andere wiederum dafür, dass es auch beständig etwas neues zum Erleben gibt."

Denn wie der Begriff Bewusstsein, also *bewusst und sein,* eventuell auch bereits schon vermuten lassen könnte, wird sich dieses nämlich ausschließlich *den Dingen bewusst* und ist somit stets *„passiver Natur".*

Das Gehirn wiederum, welches schaltet, verwaltet und erzeugt, ist folglich die *„aktive Komponente"* dieser Dualität.

Doch auch, wenn beide Komponenten durch eine Art „Symbiose" miteinander „verschränkt" zu sein scheinen (Sender /Empfänger), bleibt dennoch jeder Schuster bei seinen eigenen Leisten.

Was bedeuten soll, das Gehirn leistet die Arbeit und das Bewusstsein hat das Vergnügen oder aber auch eben nicht, je nachdem, wie unterhaltsam das aktuelle Programm namens Leben gerade zu sein scheint.

„Der Mensch kann somit stets tun was er will, aber er kann niemals bewusst und kontrolliert entscheiden, was er denn nun überhaupt will!"

Das Bewusstsein erlebt beständig *Gedanken, Gefühle, sowie Handlungen,* und eben genau dadurch, dass es diese *„erlebt",* entsteht eine permanente *Identifizierung* des Erlebten.

Genau in diesem Moment der Identifizierung beginnt diese geniale Täuschung damit ihren bahnbrechenden Effekt voll zu entfalten...

Weil das Bewusstsein beständig mit Gedanken, Handlungen und Gefühlen überflutet wird, entsteht eine konstant durchgehende „Identifizierung", und somit auch eine permanente „Anhaftung" an das Erlebte.

Bereits Buddha erklärte jedoch in seiner Lehre, dass zwar Handlungen, Gedanken, sowie Gefühle geschehen, diese aber von niemandem bewusst getan, erdacht oder kontrolliert werden!

„Handlungen geschehen, doch es gibt keinen Handelnden."
~Buddha

Der deutsche Philosoph *Arthur Schopenhauer* beschrieb diesen

Umstand wiederum mit folgenden Satz:

"Der Mensch kann nicht wollen was er will.", bzw. der Mensch kann tun was er will, aber nicht entscheiden was er will!

Leben bedeutet lediglich ein Leben zu „erleben"!

Solange das Bewusstsein durch eine Art Symbiose mit dem Hirn des Menschen verknüpft ist, wird dieses all das <u>erleben</u> können, was dessen Wirtskörper erfährt. Das Bewusstsein erlebt somit ein gesamtes Leben, mitsamt den gesamten dazugehörigen Erfahrungen, welche damit verbunden sind.

„Jedoch ohne dabei selbst jemals etwas AKTIV geleistet zu haben."

Diese permanente Stimme in Ihrem Kopf, für welche Sie selbst sich halten, *jeder einzelne Gedanke, jedes Gespräch oder Selbstgespräch, jede Handlung und alle Gefühle, welche Sie bis zum heutigen Tage erfahren haben, und mit Ihnen selbst und Ihrem „ich" aufgrund der Identifizierung in Zusammenhang gebracht haben, wurden von Ihnen in Wirklichkeit lediglich aus der „Beobachterperspektive" des Bewusstseins erlebt und somit lediglich <u>passiv erfahren</u>.*

Wenn Sie z.B. versehentlich auf eine heiße Herdplatte packen, wird Ihre Handlung daraus sein, die Hand so schnell wie möglich wieder weg zu nehmen.

„Der Impuls hierzu wäre in diesem Fall Schmerz gewesen."

Sind Sie hingegen sehr hungrig und entdecken dann einen Apfelbaum, wird das Pflücken eines Apfels unsere

Handlung zu dem vorherigen Impuls des Hungers sein.

Doch was würde z.B. geschehen, wenn sich neben diesem besagten Apfelbaum auch noch ein Birnenbaum befinden würde?

Könnten Sie sich dann „ganz bewusst und frei" für eine dieser Früchte entscheiden?

Nun, wenn Sie Äpfel nicht sonderlich mögen, würden Sie wohl zu den Birnen greifen. Doch dann stellt sich mir gleich die Frage, weshalb Sie keine Äpfel mögen?

Ist dies einfach so, oder haben Sie sich bewusst dafür entscheiden?

Sollten Sie hingegen beide Früchte mögen, könnte die Entscheidung, dass Sie dennoch die Birnen bevorzugen, eventuell daran liegen, weil Sie in den letzten Tagen bereits sehr viele Äpfel gegessen haben und nun etwas anderes bevorzugen.

Würden Sie sich hingegen in einer Ausnahmesituation befinden und kurz vor dem Verhungern sein, wäre es Ihnen vollkommen egal, welche dieser beiden Früchte Sie essen. Selbst dann, wenn Ihnen eigentlich beide überhaupt nicht zusagen.

Stellen Sie sich des Weiteren einmal vor, dass Sie in einem Labyrinth entscheiden müssen, ob Sie nach links oder nach rechts weiter gehen möchten.

Zunächst werden Sie Gedanken in ihrem Kopf erleben, welche darüber grübeln, welchen Weg es nun einzuschlagen gilt.

Doch irgendwann fällt dann ganz plötzlich der Entschluss

z.B. nach rechts zu gehen.

Aber waren wirklich Sie es, der dies
ganz bewusst entschieden hat?

Bei jeder Art der Meditation geht es im
Grunde darum, zu bemerken, dass man
selbst nicht der Denker von Gedanken
ist, sondern diese lediglich erlebt.

Ist man jedoch mit dieser Erkenntnis
nicht vertraut, fängt man unausweichlich
an, sich mit diesen Dingen zu
identifizieren, fast so als würde man
das Geschwätz von anderen ernsthaft
für die eigenen Worte halten.

Meditationsübung

Suchen Sie sich zunächst einen ruhigen
Ort, wo Sie sich wohlfühlen und von
niemandem gestört werden.

„Dieser Ort sollte nach Möglichkeit keinerlei Störgeräuschen ausgesetzt sein."

Wahlweise können Sie bei dieser Übung auch Entspannungsmusik benutzen. Klassische Musik ist hierfür z.B. sehr gut geeignet.

Legen oder setzen Sie sich nun entspannt hin und schließen Ihre Augen. Beginnen Sie sich zunächst einmal voll auf Ihre Atmung zu konzentrieren, dann heißt es abwarten und ganz wichtig **beobachten!**

„Diese Übung dient dazu, um die eigene Achtsamkeit zu trainieren"!

Sie sollen hierbei in aller Ruhe und Entspanntheit <u>beobachten</u>, wie Gedanken entstehen, welche Gefühle sie mit sich bringen und wie sie schließlich wieder vergehen.

„Zunächst wird es für Sie vielleicht ungewohnt oder schwierig sein die Rolle des Beobachters einzunehmen. "

Dies liegt aber allein nur daran, weil Sie es bis jetzt ja gewohnt waren zu glauben, dass Ihre Gedanken auch wirklich Ihre Gedanken sind!

Sollten Sie während ihrer Übung einmal von einem Gedanken in seinen Bann gezogen werden, ist dies nicht sonderlich schlimm, zu Beginn kann das nämlich sehr oft vorkommen.

Sobald Sie dies bemerken, versuchen Sie sich zunächst einmal wieder voll und ganz auf ihre Atmung zu konzentrieren und ihre passive Rolle als Beobachter wieder einzunehmen.

Wenn Sie erst einmal erfahrener mit dieser Übung sind, wird es Ihnen immer leichter fallen festzustellen, dass nicht

Sie es sind, der diese Gedanken denkt, sondern das diese Gedanken einfach entstehen und Sie diese lediglich erleben.

„Wenn dies anders wäre, könnten Sie ja schließlich auch ganz bewusst und frei kontrollieren, was für Gedanken entstehen oder gar ganz aufhören zu denken und zu fühlen."

Wenn ich Ihnen also nun z.B. die Aufgabe geben würde, den erstbesten Namen oder die erste Zahl zwischen 1 und 100, die Ihnen in den Sinn kommt aufzuschreiben, sollten Sie bemerken, dass diese Zahl bzw. der Name ganz plötzlich ohne Ihr zutuen aus dem nichts heraus in Ihrem Geist auftaucht.
Es geschieht ganz einfach!

Mit Gefühlen verfährt es sich gleichermaßen, sie entstehen einfach ganz plötzlich, ohne von Ihnen beabsichtigt worden zu sein.

Somit erleben Sie diese genauso, wie Sie Gedanken und Handlungen lediglich erleben!

Um Ihnen dies alles etwas besser zu verdeutlichen, werden wir uns als nächstes ein paar alltägliche Beispiele und Situationen anschauen:

Sie befinden sich sehr hungrig in einer fremden Stadt und sind auf der Suche nach einem MC Donalds oder Dergleichen, allerdings ist der Akku Ihres Smartphones bereits vollkommen leer.

Damit die Suche ein wenig schneller voranschreitet, kommt Ihnen der Gedanke in den Sinn, dass Sie ja einen der Passanten fragen könnten, in der Hoffnung, dass dieser von dort kommt

und sich daher auch dementsprechend in der Umgebung auskennen müsste.

„Hierbei ist bereits zu beachten, dass der Gedanke einen Passanten nach dem Weg zu fragen, nicht bewusst und gewollt von Ihnen selbst erzeugt wurde, sondern durch die Situation ganz einfach ausgelöst wurde.

In diesem Fall, aufgrund der Erfahrung, dass andere Menschen einem helfen können. Besonders, wenn man sich selbst in einer fremden ungewohnten Umgebung befindet."

Als nächstes beginnen Sie in Ihrer Umgebung nach einer geeigneten Person zu suchen.

„Auf welche Person Ihre angebliche freie Wahl fällt, bestimmen aber auch wiederum nicht Sie selbst, sondern der Prozess der Auswahl wird wieder von

Ihren bisherigen Erfahrungen und / oder Vorurteilen gesteuert!"

Zunächst entdecken Sie ein paar ausländische Jugendliche, deren Anblick bei Ihnen allerdings ein gewisses Unbehagen verursacht. Gefolgt von dem Gedanken, dass sie ja sowieso bestimmt die deutsche Sprache nicht gut sprechen können und sich sicherlich einen Streich mit Ihnen erlauben würden.

„Impulse von außen erzeugen Impulse von innen, und Impulse von innen projizieren Impulse nach außen."

„Sie haben in diesem Moment weder das Gefühl des Unbehagens bewusst hervorgerufen, noch konnten Sie Einfluss darauf nehmen, dass mit dieser Situation verknüpft der Gedanke aufkam, dass die besagten Jugendlichen ja sowieso kein

richtiges Deutsch können und Sie am
Ende doch nur reinlegen."

Als nächstes sehen Sie einen
Briefträger, welchen Sie mit der
Assoziation verbinden, dass sich dieser
ja auf jeden Fall in der Umgebung
auskennen müsste.

„Diese Assoziation beruht auf der
Denkweise / Erfahrung, dass ein
Briefträger sich deshalb auskennen
muss, weil es zu seinem Job gehört die
Gegend zu kennen. Auch dies geschieht
wieder vollkommen automatisch
aufgrund der damit verbundenen
Erfahrung."

Als Sie diesen nach dem Weg fragen,
kommt in Ihnen das Gefühl der
Erleichterung auf, weil er Ihnen
tatsächlich den Weg erklären kann.

Er meint, es gäbe zwei Möglichkeiten, einen etwas längeren Fußweg, welcher dafür aber durch einen wunderschönen Park führt, oder aber einen kürzeren, dafür aber nicht ganz so schönen Weg.

Dadurch, dass Sie aber fast schon vor Hunger umkommen, entscheiden Sie sich selbstverständlich für die kürzere der beiden Varianten.

„Der kürzere Weg ist hierbei der Impuls, welcher sich aufgrund Ihres großen Hungers am Stärksten durchsetzen konnte.

Das Gefühl der Erleichterung kam wiederum automatisch mit der Gewissheit nun kurz vor Ihrem Ziel zu sein."

Nach einer gewissen Zeit bemerken Sie, dass Sie sich die Wegbeschreibung anscheinend wohl doch nicht so ganz

genau merken konnten und müssen
nun daher „entscheiden", ob Sie nach
links oder nach rechts weitergehen
wollen.
Sie „entscheiden" sich für rechts.

„Nach rechts zu gehen ist hierbei
wiederum nur ein weiterer Impuls,
dessen Durchsetzung nach einer
gewissen Abwägungszeit durch das Hirn
eintrat.

Doch geschah auch dies wieder ohne
Ihre tatsächliche bewusste Kontrolle.
Durch Umstände, welche für Sie in
diesem Moment nicht einsehbar waren,
hatte sich der Impuls nach rechts
zugehen durchgesetzt. "

Zum Glück war rechts jedoch der
richtige Weg. Doch nun endlich an
Ihrem Ziel angekommen, bemerken
Sie, dass der hiesige McDonalds

aufgrund von Renovierungsarbeiten,
für einige Tage geschlossen bleibt.

Schlagartig steigt (ungewollt) ein
Gefühl von Wut und Unzufriedenheit
in Ihnen auf!

„Beide dieser negativen Gefühle wurden
nicht von Ihnen bewusst erzeugt,
sondern sind eine logische Konsequenz
der vorherigen Umstände."

Entscheiden Sie sich bitte „ganz bewusst" für eine beliebige Zahl zwischen 1 und 100.

[Bei mir war es die Zahl 39]

Entscheiden Sie sich bitte „ganz bewusst" für einen beliebigen Buchstaben aus dem Alphabet.

[Bei mir war es der Buchstabe K.]

Betrachten Sie bitte zunächst ihre

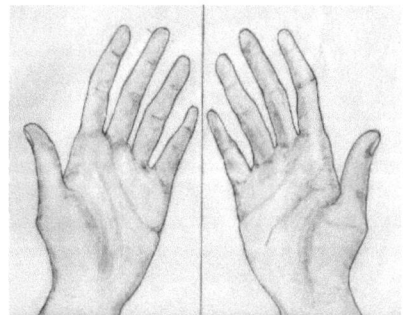

beiden Hände abwechselnd, anschließend entscheiden Sie sich bitte „ganz bewusst" für einen Ihrer 10 Finger, welchen Sie senkrecht von oben nach unten einklappen.

[Bei mir war es der linke Ringfinger.]

Das Interessante hierbei ist nun herauszufinden, ob Sie diese Aufgaben tatsächlich ganz bewusst mit freiem Willen bewältigen konnten.

Waren wirklich Sie es, der sich die Zahl zwischen 1 und 100 ausgesucht hat?

„Oder kam Ihnen nicht viel eher einfach eine Zahl von jetzt auf gleich aus dem Nichts heraus in den Sinn?"

Wer oder was hat denn hier nun wirklich diese Entscheidung getroffen?

Waren wirklich Sie es, der sich einen Buchstaben aus dem Alphabet ausgesucht hat?

Wer oder was hat denn nun hier wirklich entschieden?
Und wie sieht es mit dem Finger aus?
Waren wirklich Sie es, der sich ganz bewusst für einen der 10 Finger

entschieden hat, den Sie einklappen
sollten?

Ich kann Ihnen versichern, dass
Sie bei keinem dieser Prozesse
tatsächlich aktiv beteiligt waren!

Sie haben lediglich <u>erlebt,</u> wie jeweils
eine bestimmte Entscheidung durch das
Hirn autonom getroffen wurde.
Einfluss darauf hatten Sie allerdings
nicht.

Jedoch dadurch, dass Sie erlebt haben,
wie eine Entscheidung getroffen wurde,
haben Sie das illusionäre Gefühl,
Sie hätten diese Entscheidung
tatsächlich selbst getroffen!

Stellen Sie sich des Weiteren bitte
einmal folgende Situation vor:

Es ist ein schöner Sonntagmorgen, Sie haben frei und nichts Konkretes für den Tag geplant.

Daher haben Sie sich auch keinen Wecker gestellt. Sie liegen noch gemütlich in Ihrem Bett und schlafen tief und fest. Nach einer gewissen Zeit fangen Sie langsam an wach zu werden.

„Einen besonderen Grund gibt es dafür nicht. Sie sind allein zuhause, es hat Sie niemand aus dem Bett geklingelt und Sie wurden auch nicht durch irgendein anderweitiges Geräusch geweckt.

Sie wurden einfach wach und dies ohne besonderen Grund, sowie ohne das Sie dies bewusst beabsichtig hätten."

Als Sie schließlich endgültig wach sind, bemerken Sie, dass Sie auf die Toilette müssen. Auf dem Weg dorthin kommt Ihnen plötzlich der Gedanke, dass Sie ja nun auch direkt duschen gehen könnten und anschließend erst einmal ausgiebig frühstücken wollen.

„Haben Sie diesen Gedanken bewusst erdacht, oder ist er Ihnen nicht viel mehr einfach in den Sinn gekommen?"

Als Sie schließlich fertig mit dem duschen sind, und sich die Kleidung für den Tag rausgesucht und angezogen haben, beginnen Sie damit Ihr Sonntagsfrühstück zuzubereiten.

„Waren wirklich Sie es, der ganz bewusst entschieden hat dies oder jenes anzuziehen?"

Sie haben Orangensaft, verschiedene leckere Teesorten und natürlich

Kaffee zur Auswahl.

Zunächst sind Sie sich nicht ganz sicher, was Sie denn davon zum Frühstück trinken möchten. Sie überlegen also eine Weile hin und her, und plötzlich fällt der Entschluss, dass Sie Lust auf einen Orangensaft haben.

„Woher kam der Entschluss den Orangensaft zu nehmen und nicht Tee oder Kaffee? Hatten Sie wirklich Einfluss bei dieser Entscheidung? Wer oder was hat denn hier nun tatsächlich entschieden?"

Als nächstes kommt Ihnen der Gedanke in den Sinn, ob Sie sich Frühstückseier machen sollen, verlieren diesen aber schnell wieder, als sie bemerken, dass Sie gar keine Eier mehr zuhause haben.

„Woher kam der Gedanke dass Sie sich zum Frühstück Eier machen wollen?

Waren wirklich Sie es, der dies bewusst erdacht hat?"

Egal, halb so wild denken Sie sich. Dafür haben Sie zumindest verschiedene Brotsorten und zudem noch Brötchen zum Aufbacken.

Sie entscheiden sich für die Brötchen und grübeln schon über den Belag, nachdem Sie diese in den Backofen geschoben haben.

„Warum haben Sie sich ausgerechnet für die Brötchen entschieden und nicht stattdessen für das Brot? Woher kam diese Entscheidung?"

Sie haben Honig, Nutella und verschiedene Wurstbeläge zur Auswahl. Weil Sie aber die letzten Tage schon so viel Wurstaufschnitt zum Frühstück hatten und wiederum

**keine Lust auf Nutella haben,
entscheiden Sie sich für den Honig.**

*„Warum haben Sie weder Lust auf Wurst
noch auf Nutella? Waren wirklich Sie es,
der sich ganz frei dafür entschieden hat
diesen Morgen lieber Appetit auf
Honig zu haben? "*

**Nachdem Sie Ihr Frühstück genossen
haben, beschließen Sie etwas
Fernsehen zu schauen und stellen
dabei fest, dass zur selben Zeit, auf
verschiedenen Sendern etwas läuft,
was Sie interessieren könnte. Zum
einen eine Komödie, eine
Dokumentation, sowie ein alter
Westernfilm.**

*„Woher kam plötzlich dieser Gedanke,
dass Sie ausgerechnet nun in diesem
Augenblick Fernsehen schauen wollen? "*

Die erste Zeit können Sie sich nicht so recht entscheiden und schalten zwischen diesen drei unterschiedlichen Unterhaltungsprogrammen hin und her. Als Sie merken, dass in der Filmkomödie einer Ihrer Lieblingsschauspieler mitspielt, beschließen Sie, dass Sie diesen Film weiter schauen möchten.

Später am Nachmittag bekommen Sie plötzlich Lust einen Kaffee zu trinken, kämpfen aber mit sich selbst, ob Sie denn nun welchen machen sollen oder nicht. Denn eigentlich haben Sie ja keine richtige Lust aufzustehen und für sie allein lohnt es sich sowieso nicht so recht extra eine Kanne aufzuschütten. Außerdem kommt Ihnen der Gedanke, dass Sie sowieso zu viel Kaffee trinken.

„Wer oder was kann sich denn hier nun nicht so recht entscheiden?

*Woher kommt eigentlich das plötzliche
Verlangen nach einem Kaffee?"*

**Plötzlich klingelt es an der Haustüre.
Nachdem Sie diese geöffnet haben,
steht ihre Mutter mit Kuchen vor
Ihnen. Nach einer kurzen Begrüßung
verschwinden Sie routiniert in die
Küche und machen eine Kanne
voll Kaffee.**

Sollten Sie sich jetzt fragen, was ich mit
dieser Geschichte bezwecken wollte,
kann ich Sie gut verstehen. Ich werde
es Ihnen daher sofort erklären.

Es geht darum, zu zeigen, dass in
Wahrheit ein jeder von uns, weder diese
Stimme im Kopf noch das Gehirn ist.

*„Gedanken sind wie Seifenblasen.
Sie entstehen und ziehen langsam
vorüber. Manche bleiben länger,
manche zerplatzen wiederum ganz*

*schnell und werden ihrerseits wieder
durch einen anderen neuen Gedanken
ersetzt. Ein endloser Kreislauf!"*

„Im Grunde geht es darum, dass dem
Gehirn bewusst wird, wie es selbst
funktioniert!"

Bei negativen Gefühlen kann dies
beispielsweise recht nützlich sein.
Wenn Sie z.B. wütend werden ist das
schließlich ein Prozess, der von Ihnen
keinesfalls gewollt hervorgerufen wurde,
sondern Ihnen vom Gehirn
aufgezwungen wird.

Jedoch erst ab dem Moment, wo Sie
sich mit diesem Gefühl der Wut
identifizieren, also daran glauben, dass
Sie es sind, der grade wütend ist, entsteht
Ihr tatsächliches Leiden!

*„Bei Wut ist es z.B. so, dass einem
bestimmten Teil des Gehirns etwas*

***nicht in den Kram passt und es daher
versucht allen anderen Bereichen diese
Wut gleichermaßen mit aufzuzwingen.***"

*„Solange das Gehirn es nicht schafft
sich selbst zu verstehen, wird es stets
immer wieder aufs Neue auf sich selbst
hereinfallen. Ab dem Moment, wo es
jedoch begriffen hat, dass es nur ein
Bereich von vielen ist, welcher dieses
Gefühl der Wut erzeugt und erzwingt,
wird es sich diesem Impuls nicht mehr
völlig bedingungslos hingeben.*"

Die Wut wird zwar dennoch weiterhin
entstehen, allerdings wird man aufhören
sich sofort schlagartig mit dieser
Wut zu identifizieren.

Das Gehirn wird sich denken:
*„Warum sollte ich wütend sein, nur weil
einem Teil von mir etwas nicht in den
Kram passt?*"

Genauso ist es auch mit Gedanken und Handlungen:

„Sobald das Gehirn sich selbst verstanden hat und die Identifizierung mit diesen nicht mehr eingeht, hört das Leiden auf."

Hier ein kleines Beispiel für Sie, um das Ganze noch einmal zu verdeutlichen:

Stellen Sie sich einmal vor, dass Sie von einem Mann bzw. von einer Frau verfolgt werden, und dass er oder sie Ihnen folgendes permanent zuflüstert...

Was Sie denken sollen...
Was Sie tun sollen...
Wie Sie sich fühlen sollen...

Würden Sie darauf hören, was diese Person versucht Ihnen einzureden?

„Wohl eher nicht!"

Stellen Sie sich des Weiteren einmal vor, dass Sie auf Ihrer Arbeitsstelle sind und das ein Kollege oder eine Kollegin von Ihnen versucht ihren Frust wegen der Arbeit oder privaten Problemen auf Sie zu projizieren.

Würden Sie sich von dieser schlechten Laune anstecken lassen?

„Wohl eher nicht!"

In beiden genannten Fällen würden Sie zwar das Gerede zur Kenntnis nehmen, aber nicht darauf eingehen, weil Sie sich nicht damit identifizieren würden.

Sollte z.B. einmal das Gefühl der Wut in Ihnen entstehen, muss sofort der kritische Gedanke folgen:
Bin wirklich „Ich" wütend oder „erlebe" ich nur das Gefühl der Wut?

Wenn Sie Gedanken erleben, wie z.B.
heute ist alles so stressig, ich wäre am
besten im Bett geblieben…

…Muss sofort der kritische
Gedanke folgen:
Bin wirklich „Ich" es, der dies denkt
oder „erlebe" ich nur diese Gedanken?

Zur Erinnerung:

„Der Mensch kann tun was er will,
aber nicht entscheiden was er will."

Welche Handlungen überhaupt erst
begangen werden, hängt immer von
den jeweiligen Impulsen ab, welchen wir
permanent ausgesetzt sind.

„Wenn Sie z.B. überraschend Besuch
bekommen und derjenige Kuchen
mitgebracht hat, wird der Impuls
zum Kaffee machen wohl wesentlich
größer sein, als wenn er Pizza
mitgebracht hätte."

Sollten Sie jedoch wissen, dass derjenige überhaupt keinen Kaffee mag, ist der Impuls bereits wesentlich schwächer für sich selbst extra noch einen Kaffee zu machen.

Schlusswort

Das Jenige, welches erlebt, kann nicht zugleich auch der Schöpfer des jeweils erlebten sein!

Stellen Sie sich vor Sie würden in ein Kino gehen, um sich dort in aller Ruhe einen Film anzuschauen. Dort angekommen sagt man ihnen jedoch, dass der Film noch überhaupt nicht fertig sei und Sie ihn sich nur dann anschauen können, wenn Sie ihn gleichzeitig parallel auch produzieren.

Alle Handlungen, Emotionen und jedes einzelne erdachte bzw. gesprochene Wort müssten von Ihnen somit zeitgleich 1:1 erzeugt als auch konsumiert werden.

Dies ist schlicht und einfach ein unmögliches Unterfangen!

Wenn das Gehirn also den Kinosaal widerspiegelt, dann ist unser Bewusstsein dessen Gast.

Und als Gast in einem Kino wollen wir uns einfach nur unterhalten, sowie berieseln lassen, aber uns sicherlich keine Sorgen um die gleichzeitige Produktion des erlebten machen müssen.

„In ewiger Verbundenheit zur Wahrheit und dem Denken verbleibe ich Dennis Hans Ladener."

Ladener

Weitere Bücher des Autors

System / Gesellschaftskritik:

- **Reset: Der Anfang einer Neuen Welt.**
- **Die 4 Säulen des Scheiterns.**
- **SklavenLEBEN**
- **Eine Kritik des Menschen. (2020)**

Verschwörungstheorien:

- **Die BRD Verschwörung. (2020)**
- **Die Rothschild & Bilderberger Verschwörung 2in1 Edition.(2020)**

Philosophie:

Philosophie für Anfänger: Band 1-4
1. **Du bist Gott!**
2. **Die Wahrnehmung der Welt.**
3. **Freiheit vom Leid.**
4. **Die hartnäckige Illusion des Ich's.**

- **Das Handbuch der Welt.**
- **Die Datenwelt Theorie.**
- **Die Datenwelt Theorie 2.0**
- **Arthur Schopenhauer: Eine "kleine" Einführung.**
- **Eine kurze Zusammenfassung des Ganzen.**

- *Die höhere Erkenntnis: Ein Weg zum besseren Verständnis der Welt.*
- *Eine kurze Zusammenfassung des Ganzen & Die höhere Erkenntnis: 2in1 Sonderedition.*

Notizen